AF247948

LE BON-HOMME

AUX

BEAUX-ESPRITS,

ÉPITRE

Suivie de NOTES que ces Beaux-Esprits liront.

A AMSTERDAM,

Et se trouve à PARIS,

Chez DESENNE, Libraire, au Palais Royal, près les Variétés, n°. 216;

Et chez LEROY, Libraire, rue Saint-Jacques, vis-à-vis celle de la Parcheminerie.

M. DCC. LXXXVII.

On trouve chez les mêmes Libraires l'Epitre *du* Bon-Homme *aux* Bonnes-Gens, même format.

LE BON-HOMME

AUX

BEAUX-ESPRITS,

ÉPÎTRE

Suivie de NOTES *que ces Beaux-Esprits liront.*

Bonnes-gens, ô vous tous qui, dignes de ce titre,
Avez si bonnement accueilli mon Épître,
Ne soyez aujourd'hui ni fâchés ni surpris,
Si, sous votre couvert, j'écris aux Beaux-Esprits.
Vous pressentez déjà que je m'adresse aux vôtres.
Pourrois-je me flatter d'être entendu des autres ?
Ou plutôt en est-il ? ce n'est que parmi vous
Que sont les Beaux-esprits ; ces autres sont des foux.

Aux modestes Auteurs que la Sagesse inspire,
Et qui de la vertu nous font chérir l'empire,

A

J'offre un tendre refpe&t qu'ils favent mériter ;
Et je les entretiens fans devoir vous quitter.

Fuyons ces charlatans qui dans leur fauffe
        ivreffe,
De Delphes idolâtre imitant la Prêtreffe,
Sermonnent l'univers du haut de leurs trépieds.
Ils ont, comme un DENYS, *les oreilles aux pieds ;*
L'intraitable égoïfme ouvre ou ferme leur porte ;
Le fens-commun chez eux eft une langue morte ;
Pour attirer fur foi leurs regards careffans,
Il faut prodiguer l'or, les bons mets & l'encens.
Auffi quel riche fot les admet à fa table,
Et n'eft point un génie, un prodige incroyable ?
Eût-il le cœur d'airain, le cerveau mal timbré,
Quel monftre a du pouvoir, & n'eft pas célébré ?
Le chatouilleux orgueil de ces prétendus Sages
A mis le fimple éloge au nombre des outrages.
Sans pouvoir ni tréfor, veut-on s'en faire aimer ?
On doit fubir leur joug, mentir & blafphémer.
Ils font de la louange un trafic d'impofture,
En s'abreuvant entre eux des poifons de l'injure.

Mais le vrai seul est beau ; par quelle absurdité
Croira-t-on que l'esprit soit beau sans vérité ?

Si nourri de nectar sur des fleurs immortelles
Le bon-sens plus robuste, en déployant ses ailes,
Parcourt, sans s'égarer, un espace étendu,
Ce bon-sens n'est-il pas l'esprit bien entendu ?
Qu'il aille, en voltigeant sur des marais fétides,
De roseaux vénéneux sucer les fleurs perfides ;
Il se mêle à sa rage un repentir cuisant :
Le plus grand des malheurs est d'être malfaisant.
Vantera-t-il encor sa déplorable audace ?
Que d'heureux il eût fait en restant à sa place !

Pesons des Nations les mœurs & les talens :
Toujours contemporain des esprits excellens,
A leurs dons précieux le beau moral s'allie ;
Et toujours son contraire amène la folie.

Le trop fameux ROUSSEAU, par lui seul com-
     battu,
Prétend que les Beaux-Arts ont banni la vertu ;
N'est-il pas plus certain que des mœurs corrom-
     pues,   A 2

Lorfque de tous côtés leurs digues font rompues,
Entraînent ces Beaux-Arts de leur but détournés,
Devenus les fléaux des Sages confternés?

Au gré des paffions tout eft-il légitime?
C'eft au luxe à fervir de mefure à l'eftime;
Mais le luxe & l'ennui, du vice fils jumeaux,
Affamés de plaifirs, fe repaiffent de maux.
Un vain babil remplace & morale & fcience;
Le goût fe tait enfin comme la confcience,
Et tous deux l'un par l'autre abrutis à l'excès,
Confpirent fans reproche aux plus honteux fuccès.

Aujourd'hui tout eft mode , & jufqu'aux phi-
        lofophes,
Tout reffemble aux bijoux, aux rubans, aux
        étoffes.
On préfère au folide un éclat paffager;
Dans le moindre examen on craint de s'engager;
Un inftant voit mourir l'intérêt qu'il voit naître;
On veut tout effleurer, on ne veut rien connoître;
L'attention fatigue un efprit énervé;
Ce qui n'eft point bizarre eft à peine obfervé.

Confultez nos ZEUXIS, écoutez nos Orphées ;
La Peinture & fes fœurs joliment attifées,
A l'art de la toilette empruntent leurs appas :
En ne minaudant plus, elles ne plairoient pas.
Plume, cifeau, crayon, & l'une & l'autre lyre,
Qu'à de pareils abus voue un pareil délire,
Des talens différens les moyens inégaux,
Tous outrent l'hyperbole ou font des madrigaux.
Lumineux fans chaleur, fougueux fans énergie,
Tous, des proportions ignorant la magie,
Cherchent le naturel dans l'infipidité,
Prennent l'*amphigouri* pour la fublimité,
Et des règles du goût triomphent à leur aife
En paffant tour-à-tour du monftre à la fadaife.

De cyniques prôneurs un farceur appuyé,
Offre avec confiance au Public ennuyé
Du fale quolibet l'humiliante amorce ;
Mais d'importans fuccès veulent des tours de force,
Des fpectres, des bûchers, de nombreux ba-
    taillons,
Des combats, des poignards, de tragiques haillons.

A 3

Pour nous intéreſſer, nos Muſes enlaidies
Ont beſoin de bourreaux, de foux & d'incendies,
Du ſpleen, du ſuicide ; & nous nous inſtruiſons
En volant de la Grève aux Petites-Maiſons.
Bientôt de ces deux points abrégeant l'intervalle,
La ſcène plus comique, & ſur-tout plus morale,
De tous les forcenés recueillant les diſcours,
Y joindra des roués chantant des *calembourgs*,
Aux MESMER du Parnaſſe Apollon ſe confie ;
Déjà, près du *baquet* de la philoſophie,
Melpomène aux abois fait ſes contorſions,
Et la pauvre Thalie a des *criſpations*.

Ne jouiſſant de rien quand de tout il abuſe,
Midas raſſaſié demande qu'on l'amuſe :
C'eſt ſon unique affaire ; il jette à pleine main
Son or pour des hochets qu'il briſera demain.
Quoi demain ? dès ce ſoir ; que dis-je ? au moment
      même.
On reconnoît un riche à l'inconſtance extrême.
Vous croyez le fixer : vos ſoins ſont ſuperflus ;
De ce qu'il voit encore il ne ſe ſouvient plus.

Prompt à se détacher, incapable d'attendre,
Il ne peut écouter ce qu'il brûla d'entendre.
Depuis que l'or est tout, de pareils amateurs,
Arbitres des talens, font le sort des Auteurs.

Tel cercle est l'univers & la race future.
Qu'on bâille à bouche close à certaine lecture;
Mandiés ou promis, que de fades propos,
Qu'un stupide sourire en marquent les repos;
On a fait un grand-homme, & payé pour y croire,
Lui-même il s'extasie en admirant sa gloire.
L'imbécille qui loue est juge compétent;
On vous prouve l'éloge en vous le répétant.
Jamais ces protecteurs ne reverront l'ouvrage;
Mais l'heureux protégé n'a pas moins leur suffrage,
Et dans leur haute estime il n'aura pour rivaux
Qu'un singe, un perroquet, des chiens & des
  chevaux.

Pour ces dispensateurs d'une gloire éphémère,
Qui rime un sot couplet, doit éclipser Homère;
Qui, dans une brochure, ose fronder les loix,

Eſt né pour régenter les peuples & les Rois.
Tel qui fit de ſa vie un tiſſu de ſcandales,
A ſes originaux lit ſes Œuvres morales;
Et PHRYNÉ qui préſide, à ſes humbles amans,
Par un regard laſcif dicte leurs jugemens.
Chacun d'eux, ſans pudeur, comme ſans caractère,
En babillant vertu médite un adultère;
En voulant décider des droits des Potentats,
Fomente ces excès qui perdent les Etats;
Tous flattent à l'envi leur abſurde manie
En parlant bêtement d'eſprit & de génie.

Juſtes & conſéquens dans leur frivolité,
Ils récuſent enſemble une poſtérité
Qui naît en dépit d'eux, qu'ils ruinent d'avance,
Et dont le patrimoine eſt leur impertinence.
A l'immortalité ne prétendant pas moins,
Ils trouvent le ſecret d'en être les témoins;
Mais vengeant, il eſt vrai, la langue profanée,
Que de noms immortels périſſent dans l'année!
Et tel qui ſe promet d'atteindre au bout de l'an,
Meurt au moment qu'il naît, tué par un brelan.

Ainsi se font formés , loin de la sollitude ,
Ces modernes Docteurs dispensés de l'étude ,
Qui, pour l'humanité du plus beau zèle épris ,
Enseignent au public ce qu'ils n'ont pas appris ;
Ces rimeurs *imagers* dont les lourdes brochures
Enchantent l'amateur de *papiers sans vergeures* ,
S'il acquiert, pour leur gloire & pour son plus
  grand bien ,
Leurs vers au poids de l'or, & leur portrait pour rien.
Mais les gens à la mode ont beau crier merveille :
Ce n'est point du guêpier qu'on voit sortir l'abeille ;
Et qui, pour faire un livre, imprime leur caquet,
N'est, fût-il un barbon, qu'un pédant freluquet.

Le Génie est frappé d'un sommeil léthargique.
Nos fruits verts & gâtés que l'esprit alambique,
Imprègnent la raison de leurs sucs corrupteurs ;
Et le sceptre des Arts passe aux mains des Rhéteurs.

On calcule, on disserte, on aligne, on divise,
Jusques au fond de l'ame on porte l'analyse ;
En ne croyant à rien, on veut démontrer tout,

Et par l'arithmétique on cherche le bon goût.

Des marchands d'oripeau le pompeux étalage

N'est qu'un luxe de plus, n'est qu'un vain batelage.

Tous ces moyens aifés d'afficher le favoir,

Répandent le fophifme ennemi du devoir.

C'est de l'amour du vrai que naît la bienfaifance.

C'est pour tromper les cœurs qu'on mafque l'igno-

     rance.

Sous l'empire des mots on parle humanité

Pour profeffer le crime avec impunité ;

Et des fots, fur la foi de penfeurs ridicules,

Renoncent à leur Dieu de peur d'être crédules.

De nos grands raifonneurs les modeftes aïeux

Babilloient beaucoup moins & fe conduifoient

     mieux.

Ils avoient en lingots ce qu'on vend en paillettes.

Ils n'étoient point prônés par un tas de caillettes.

Leur époufe & leur fille, en joignant au bon-fens,

Aux foins de leur état, alors intéreffans,

Une pudeur charmante, une grâce ingénue,

Ignoroient jufqu'aux noms d'Algèbre & de Cornue.

L'Artiste des Beaux-Arts complétant le faisceau,
Pour que le tout fût bien, faisoit bien son mor-
    ceau.
On laissoit aux oisifs les plates rapsodies.
Les cerveaux n'étoient pas des Encyclopédies.
Talens, emplois, devoirs, rien n'étoit confondu ;
Et l'honneur couronnoit un travail assidu.

    Dans les mœurs, dans l'esprit, comme dans
        les manières,
Les règles au caprice opposoient des barrières ;
L'ordre & la convenance, à présent insultés,
Etoient, avec respect, avant tout consultés.
Un essaim bourdonnant d'étourdis & de folles
Alloit-il coqueter sur les bancs des écoles ?
Suffisoit-il alors d'avoir fait des chansons
Pour savoir tous les arts & vendre ses leçons ?
L'Etat attendoit-il des maximes prospères
D'*archipopulateurs* qui ne font jamais pères ?
D'affectueux amis de ce cher genre-humain,
Qui le feroient périr de débauche ou de faim ?
D'agronomes musqués, d'élégans Triptolème,

Qui fécondent les champs par un petit fyftême,
Ornent leur cabinet, pour le commun bonheur,
D'un règne végétal pris chez l'enlumineur ;
Ouvrent dans un boudoir leur cours d'agriculture,
Et gagnent des vapeurs en parlant de mouture?
De ces *penfeurs* moraux qui voudroient fagement,
Pour nous rendre plus gais, bannir tout fentiment?
De ces obfcurs brouillons foi-difant politiques,
Qui dans leur galetas fondent des Républiques ;
Parce qu'ils ne font rien, prêchent l'égalité,
En confondant toujours licence & liberté ;
De l'affreufe anarchie appellent les ravages ;
Nous *civiliferoient* en nous rendant fauvages,
Et voudroient établir leurs droits fi naturels,
Sur les débris fumans du trône & des autels?

Jadis, loin des rumeurs d'une foule infenfée,
Au fein d'un doux repos, la célefte penfée,
Méprifant des defirs les cris féditieux,
Grandiffoit dans fon aire en contemplant les Cieux.
Par un moyen factice à peine eft-elle éclofe,
Elle vole aujourd'hui de l'œillet à la rofe ;

Se perdant auffi-tôt dans un beau tourbillon,
Elle dut être un aigle, elle meurt papillon;
Et de pourpre & d'azur quoique fon aile brille,
L'œuf qu'elle a dépofé contient une chenille
Qui ne difparoîtra qu'après avoir rongé
Du palmier des vertus le bourgeon négligé.

Vous qui nous retracez l'antique bonhommie,
Et que n'a point frappés l'horrible épidémie,
Si funefte à l'efprit, aux mœurs, à la gaîté;
Vous, dans le fein de qui l'augufte vérité
N'a pu voir un inftant, durant ce long orage,
Chanceler fon autel ni pâlir fon image,
Accourez, redoublez vos efforts généreux,
Et de leurs faux plaifirs fauvez ces malheureux.
Mais leur vanité même eft d'un finiftre augure.
On renonce au bon-fens, comme on fe défigure
Par ton, par gloriole, & pour fe diftinguer;
Tous les gens du bel air doivent extravaguer.
Pour leur propre intérêt en vain la raifon plaide,
CLÉON doit être un fat, THAÏS doit être laide;
Et tous ces radoteurs, qu'il faudroit trépaner,

N'ont pas d'autre motif pour vouloir se damner.

Si des maux qu'on chérit laissent peu d'espérance,
Ah ! du moins écartez leur maligne influence
Du cœur des Bonnes-gens, vos frères, vos amis.
Au sentier du bonheur par vos soins affermis,
Qu'ils apprennent de vous que toujours leur
    semblable
Eut besoin de vertu pour être raisonnable.'
Peignez-leur à grands traits les absurdes travers.
Que j'ai si foiblement esquissés dans mes vers.
Qu'ils préfèrent l'étude aux intrigues des Belles,
Et le laurier tardif, au myrte des ruelles.
Prouvez-leur que des foux la gloire est un vain
    bruit ;
Que le sage moissonne où l'insensé détruit ;
Que les règles du goût ne sont point des caprices ;
Que la franche gaîté fuit à l'aspect des vices ;
Que l'esprit le meilleur est aussi le plus beau,
Et que le faux savoir en éteint le flambeau.

Fin de l'Épître.

NOTES

QUE CES BEAUX-ESPRITS LIRONT.

Bonnes-gens, ô vous qui dignes de ce titre ;

Toujours aux mêmes ; il n'y a qu'eux qui fachent lire.

Si, fous votre couvert, j'écris aux Beaux-Efprits.

Cette précaution étoit néceffaire pour que l'Epître arrivât à fon adreffe, vu le grand nombre des fauffes enfeignes.

Ce n'eft que parmi vous
Que font les Beaux-Efprits . . . .

Si je rencontre quelque part ma penfée incomparablement mieux rendue qu'il ne me feroit poffible de la rendre, pourquoi me ferois-je fcrupule de citer le paffage ? —
« Je nomme *Euripile*, & vous dites : c'eft un Bel-Efprit.
» Vous dites auffi de celui qui travaille une poutre : il
» eft Charpentier..... Je vous demande quel eft l'attelier
» où travaille cet homme de métier, ce Bel-Efprit?.....
» Un ouvrier fe pique d'être ouvrier : *Euripile* fe pique
» d'être Bel-Efprit. S'il eft tel, vous me peignez un fat,

>> qui met l'efprit en roture, une ame vile & mécha-
>> nique, à qui ce qui eft beau, ni ce qui eft efprit ne
>> fauroient s'appliquer férieufement; & s'il eft vrai qu'il
>> ne fe pique de rien, je vous entends, c'eft un homme
>> fage, & qui a de l'efprit. Ne dites-vous pas encore du
>> Savantaffe : il eft Bel-Efprit; & ainfi du mauvais Poëte?
>> Mais vous-même, vous croyez-vous fans aucun efprit?
>> Et fi vous en avez, c'eft fans doute de celui qui eft
>> beau & convenable. Vous voilà donc un Bel-Efprit;
>> ou s'il s'en faut peu que vous ne preniez ce nom pour
>> une injure, continuez, j'y confens, de le donner à
>> *Euripile*, & d'employer cette ironie, comme les fots,
>> fans le moindre difcernement; ou comme les igno-
>> rans qu'elle confole d'une certaine culture qui leur
>> manque, & qu'ils ne voient que dans les autres. >>
La Bruyère.

Aux modeftes Auteurs que la Sageffe infpire.....

Avec quel plaifir j'en nommerois ici plufieurs, fi je
ne craignois d'en omettre quelques-uns ; & fi, dans
l'impoffibilté de les nommer tous à la fois, je n'avois à
éviter de paroître les claffer, & me donner les airs de
préférer l'un à l'autre, de voir un premier, un fecond,
un dernier entre des hommes que je révère & chéris de
ce

ce fentiment profond qui ne laiffe aucun lieu à des comparaifons. O vertueux Auteur de *Valmont* (*)! ô *Rigoley de Juvigny* !... quels noms j'affocierois aux vôtres, fi l'épanchement de mon cœur pouvoit ne pas reffembler à un fuffrage que mon efprit n'eft pas digne de vous donner !

Ils ont, comme un DENYS *, les oreilles aux pieds.*

Ceux qui ont leurs raifons pour vouloir perfuader au public que la poëfie n'a que faire d'images, qu'on a eu tort de la croire fufceptible de figures hardies, trouveront ces *oreilles aux pieds* fort étranges; & comme tout eft grec aujourd'hui, depuis l'*odontalgie* jufqu'aux *pompes anti-méphytiques*, nos connoiffeurs décideront que cette idée & fon expreffion ne font pas dans le genre grec, ne font pas de leur grec, cela s'entend. « La poëfie a perdu quelques-uns de fes priviléges depuis moins d'un fiècle, obfervoit de fon temps l'Abbé *d'Olivet* ». Que diroit-il à préfent ? Mais il s'agit d'un hémiftiche, & non de la poëfie en général ni du grec moderne. — « *Arif-* » *tippe* ayant quelque demande à faire à *Denys* le Tyran,

____

(*) *Le Comte de Valmont, ou les égaremens de la raifon.*

B

» se jetta à ses pieds; & comme on s'en étonnoit : c'est
» qu'il a, dit-il, les oreilles en cet endroit-là ; voulant
» ainsi blâmer l'orgueil du Tyran qui vouloit qu'on s'humi-
» liât devant lui pour obtenir ce qu'on désiroit. » (*)

A mis le simple éloge aux nombre des outrages.

Un fameux Bel-Esprit, de la classe de ceux pour qui
le Bon-Homme n'écrit pas , s'est brouillé avec un homme
parfaitement honnête dont il avoit reçu les plus grands
services. Cet ancien ami, ayant autant de goût que de
bonne-foi, écrivit un jour que tel ouvrage du Bel-Esprit
étoit *agréable à lire*, & sa lettre fut communiquée. Il
auroit dû ajouter : *solide , profond, lumineux , admirable,
incroyable*, &c. mais il ne le pensoit pas , & ce fut de là
que naquit la plus violente haine.

On doit subir leur joug, mentir & blasphémer.

Leur esprit d'empire & de prosélytisme, dispense en
effet de cette fortune qui se communique & du pouvoir
qui donne les pensions, ceux d'entre les jeunes-gens
dont les heureuses dispositions donnent de l'espoir sans

______

(*) *Apophtegmes des anciens Philosophes*, Traduction de *Perrot
d'Ablancourt.*

ombrage. Ces heureufes difpofitions font une foumiffion aveugle, de l'engouement, d'éternels éloges d'une bienfaifance fur laquelle on ne laiffe rien à révéler, & qui n'exifte que dans des livres futiles ou dangereux; le mépris le plus manifefte pour les grands modèles en tout genre, & pour ce qu'il y a de plus facré, & une incurable médiocrité de talent qui affure la conftante fupériorité du maître fur la parole duquel on doit eftimer, blâmer, croire & nier fans autre preuve.

Si nourri de nectar fur des fleurs immortelles...

Je voudrois que ces *fleurs immortelles* rappelaffent aux *bons* Efprits, les feuls qui foient *beaux*, le caractère immuable de la vérité, fon inépuifable fécondité pour l'ame qui s'en raffafie pour en être encore plus avide; cette fraîcheur toujours nouvelle qui fait naître le défir de la jouiffance même. Que n'ai-je pu exprimer mieux que par le mot *nectar*, cet aliment délicieux que l'ame pompe, fi j'ofe parler ainfi, dans une contemplation paifible des grands principes! Plus un efprit fera fain & vivace, plus il prêtera de force à ces mots. Les faifeurs de *calembourgs* remarqueront pertinemment que les fleurs jaunes ou rouges qu'on nomme *immortelles*, n'ont ni parfum ni nectar. Ce qui tient au fentiment eft fi bien faifi par ceux qu'on appèle la bonne compagnie!

De roſeaux vénéneux ſucer les fleurs perfides.

Un roſeau vénéneux, un roſeau de cette eſpèce portant des fleurs aſſez attrayantes pour qu'un poëte puiſſe les qualifier de *perfides*, ne ſe trouveront peut-être ni dans nos campagnes, ni dans l'hiſtoire naturelle. Mais en littérature anti-morale, ce roſeau eſt fort commun ; il y en a de plus d'une ſorte. Leur nom générique eſt *philoſophiſme*, & leurs divers caractériſtiques commencent à être aſſez connus. (*)

Il ſe méle à ſa rage un repentir cuiſant.

On ne peint ici qu'un novice, un nouveau perverti. Dans les autres, la rage n'eſt mélée d'aucun repentir de s'y être expoſés.

___

(*) « Certains philoſophes modernes affectent de répandre dans
» leurs écrits un poiſon d'autant plus ſéduiſant, qu'ils font conti-
» nuellement l'éloge de l'humanité, de la raiſon, des loix ; mais
» aux yeux de la ſaine raiſon qu'ils outragent en l'invoquant, rien
» n'eſt plus ſubtil que le venin de cette audacieuſe philoſophie qui
» attaque en effet les fondemens de la ſociété même. —— Il faut
» rejetter, ſans ménagement, ces écrits ſéduiſans par le coloris,
» dont les Auteurs ont affecté de couvrir la doctrine vénimeuſe
» qu'ils y établiſſent. » *M. Beauzée.*

Que d'heureux il eût fait en restant à sa place !

L'homme qui a du bon-sens, & qui se borne là, fait infiniment plus de bien qu'on ne croit dans le monde, beaucoup plus qu'il ne croit lui-même ; il concourt, dans sa sphère, à l'accomplissement des grandes vues de la Providence. Les parens, la femme, les enfans, les amis, les voisins de cet homme n'ont avec lui que des rapports utiles pour eux.

Le trop fameux ROUSSEAU, par lui seul combattu.

'J. J. Rousseau. — *Trop fameux*, eu égard au grand nombre de ceux à qui sa réputation en a imposé sur le danger de ses principes ; car, relativement à la supériorité de ses talens, leur abus mis à part, il n'est pas inférieur à sa renommée ; il en méritoit plus que tel qui, on ne sçait pourquoi, en a acquis autant que lui. — *Par lui seul combattu.* Il l'a été victorieusement, sans doute, par d'excellentes plumes ; mais il suffisoit de *lui seul* pour se terrasser ; il y a en lui deux hommes, dont l'un contredit l'autre ; & le public abusé ne donne raison à celui de ces deux hommes qui avance des paradoxes, que parce que les vérités ne sont plus de mode. *Jean-Jacques* est lui-même sa meilleure réfutation en tout genre, pour qui-

conque n'eſt pas ami du ſophiſme avant d'ouvrir les œuvres de ce hardi ſophiſte. Ce qu'il dit de vrai au ſujet de l'évangile, renverſe la plupart de ſes principes d'éducation morale & ſon théiſme ; ce qu'il enſeigne de vertu lui reproche inceſſamment ce qu'il accorde aux paſſions ; ce qu'il dit contre le théâtre, combat la partie nuiſible des ſes deux romans ; ſa muſique confond ſes déclamations contre certaine muſique ; car ſa muſique eſt Françoiſe & bonne.

Devenus les fléaux des ſages conſternés.

« L'amour des arts fait aujourd'hui le tourment des » ames ſenſibles & pures », a écrit un vertueux mortel qui a le bonheur d'être béni de quelques milliers de ſes ſemblables. S'il n'avoit que de la bienfaiſance philoſophique, on le vanteroit dans les journaux. Bonnes-Gens, il eſt auſſi des vôtres, & il eſt Prince. Ne croyez jamais à ces ſycophantes qui relèguent les vertus chez ce qu'ils appèlent ſi indécemment le bas peuple.

Mais le luxe & l'ennui, du vice fils jumeaux...

Ceux qui ont donné l'ennui pour l'un des moyens de perfectibilité de l'homme en ſociété, n'ont-ils pas touché, en aveugles, la baſe d'une philoſophie qui eſt ignorante au point d'ignorer & ce qu'elle eſt & ſur quoi elle porte ? L'ennui ne perfectionne que l'art d'abuser. Que de chefs-d'œuvre on verroit naître aujourd'hui ; l'espèce humaine approcheroit bien vîte de sa plus grande perfection possible, s'il suffisoit de s'ennuyer pour inventer, pour créer, perfectionner. Quels grands hommes, que nos jeunes-gens qui ne sçavent que faire de leur journée ! Quelles Divinités tutélaires des Arts & des Sciences que ces dames pour qui une heure est un siècle, & dont rien ne dissipe les vapeurs !

Plume, ciseau, crayon, & l'une & l'autre lyre...

Plumes —— les ouvrages de littérature, les discours oratoires; presque tous offrent du gigantesque pour du grand, du boursouflé pour de la noblesse, du doucereux pour de la sensibilité, de la turbulence pour des signes de vie. —— *Ciseau, crayon* —— Sculpture, Architecture, Dessin, Peinture ; rien de si peu *parfait* que ce qui maintenant est si bien *fini.* —— *L'une & l'autre lyre* —— La lyre profane & la lyre sacrée. Dans le sens étendu de celle-ci, on comprend ces pièces d'éloquence académique, où un Apôtre moderne croiroit déroger, se compromettre, manquer d'égard pour son auditoire, en proférant les mots : *Dieu, rédempteur, charité, salut, paradis, enfer ;* où ses auditeurs, qui ne sont plus ni ses *frères*, ni des *chrétiens*, mais des *penseurs*, *Messieurs* & *Mesdames*, ne doivent entendre que les mots : *bienfai-sance*, *tolérance*, *être des êtres*, *ame du monde*, *enchaî-nement de causes*, *nature*, *premier moteur*, *ordre*, *lumière*, *organe moral*, *paix des tombeaux*, &c. &c.

Du sale quolibet l'humiliante amorce...

Le quolibet est aujourd'hui tout l'esprit de la *très-bonne compagnie*, le reste n'est que pédanterie assom-mante ; c'est le dictionnaire des métiers, des Arts & des Sciences délayé dans un *amphigouri* qu'on admire d'au-tant plus qu'on n'y entend rien. Plus le quolibet est sale, plus la gaze qui en couvre l'indécence est claire, & plus il fait faire de ces grimaces qu'on est convenu, faute de mieux, de prendre pour des marques de gaieté. Jouer en public une longue farce en quolibets, dans un style qui ne soit pas tout-à-fait celui des halles, c'est donner au peuple le plaisir de connoître la bonne compagnie en belle humeur. Ceux qui se sentent humiliés d'y être, sont des hommes à préjugés ; les femmes qui y rougissent sous l'évantail, sont des bégueules, de sottes bourgeoises, des *espèces*. Cela se devine, & la foule applaudit en croyant oublier sa roture. C'est ainsi que les lumières se répandent, & que le théâtre devient utile.

Y joindra des roués chantant des calembourgs.

'A parler le langage figuré, pittorefque, fleuri, & plein d'atticifme de nos gens à la mode, plus d'un *roué* fait des *calembourgs* fur la fcène ; mais la roue, l'échafaud, font encore dans le nombre des reffources inépuifables des tragiques - pantomimes - décorateurs. On ne fauroit trop les inviter à en faire ufage. Tout ce qui étend la fphère des Arts eft digne d'être accueilli. Chaque genre ayant fon fublime, il eft évident qu'en les confondant tous, on aura le fublime de tous les genres ; ce qui fera exceffivement beau. — Ici, il vaudra mieux *chanter* que *parler.* — 1°. Le chant & l'orcheftre ne font perdre ni grâce ni énergie aux paroles modernes. 2°. Quand le propos tombe, on fredonne un paffage. 3°. Cela ne peut que perfectionner la mufique imitative.

De ce qu'il voit encore il ne fe fouvient plus.

Un Auteur obtient enfin l'honneur d'une *lecture* ; il la fait avec toutes les précautions ufitées pour être applaudi ; il l'eft avec enthoufiafme, & il fort enchanté du bon goût *du public* & des lumières *du fiècle.* Le lendemain il reçoit *un billet du matin à vignettes & pail-*

lettes, *cacheté avec de la cire bronzée au pot-pourri* (*) ;
peut-on honorer davantage les talens fupérieurs ! l'Auteur, ivre de gloire, ouvre & lit : — « Ecrivez - moi,
» mon cher Monfieur, le titre de la pièce que vous nous
» lûtes hier, & quelques mots du fujet ; je foupe chez
» Madame ***, & mon intention eft de vous y pro-
» curer des admirateurs que perfonne ne mérite mieux
» que vous. Deux mots fuffiront ; vous expofez tout fi
» bien ! Que je fuis fière de vous avoir apprécié la
» première ! » —— Le maître de la maifon, difpenfé,
il eft vrai, d'avoir de l'efprit chez lui, fa femme y étant,
avoit interrompu la lecture, pour demander à l'Auteur fi
les deux frères fe battroient, & il trouvoit que cela feroit
un effet merveilleux : il n'y avoit pas de *frères* dans la
pièce ; mais il n'y manquoit pas de duels.

> *On vous prouve l'éloge, en vous le répétant.*

On dit qu'on a dit, voilà une preuve ; *on dit & on
redit*, autre preuve fans réplique, & à la portée de tous
les efprits. L'éloge & la calomnie fe prouvent ainfi. Pour
la critique, on ne la répète pas, on la redoute trop, on
lui impofe filence, on y répondroit par des cabales,

––––––––––

(*) Ces billets & cette cire fe vendent chez le fieur *Salmon*, au
Porte-feuille Anglois, rue Dauphine, n°. 26.

par des démarches ténébreuses. Il n'est plus question de la véritable critique : ne diroit-on pas qu'on n'en a plus besoin ? Elle est la meilleure sauve-garde du goût & des mœurs, on la déteste. La critique suppose des lumières, de l'honnêteté, l'amour du vrai, du bon ; de la gaieté, du courage, & une invincible répugnance pour tout ce qui attaque la personne.

> *La personnalité n'est pas d'un honnête homme ;*
> *Mais quand le sot pâlit, c'est le sot qui se nomme.*

Ceux qui opposent une censure innocente, légère sans futilité, piquante sans fiel, forte quoique *toujours* générale, au torrent des vices & des travers, rendent service aux Bonnes-Gens, à la partie la plus estimable de l'Etat. On ne voit que libelles, invectives grossières, la honte des belles-lettres ; on ne sçait plus qu'accoler de virulentes injures au nom de tel que souvent on ne connoît pas : ce criminel abus du don d'écrire s'appèle *critique* depuis que toutes les notions sont confondues.

> *A ses originaux lit ses œuvres morales....*

Pourquoi le *beau monde* applaudit-il aux œuvres *philosophico - métaphysico - moralo - moroso - soporifiques* de quelques réformateurs universels ? Les raisons en sont fort simples. —— Il ne les lit pas, & il en juge ; rien de fi commode. — On le cajole, & il protége ; rien de fi flatteur. —- Et c'eft fur fa conduite que font calquées les maximes de ces ouvrages. Ce font des originaux qui fe complaifent à voir multiplier leurs copies.

En babillant vertu médite un adultère.

La confufion combine fi fingulièrement tout ! *Adultère* eft un mot dur, furanné, & même fcolaftique ; *galanterie* n'exprime plus qu'un trifte ridicule ; *libertinage*, *débauche*, font trop vrais, trop francs, trop reffemblans. Le mot eft difficile à trouver, Le fait eft qu'on ne fe raffemble guère pour *faire de l'efprit*, fans qu'il n'entre dans ce projet, ou qu'il ne réfulte du défœuvrement, de la réunion des protecteurs & des protectrices, & de la *facilité* des mœurs actuelles, des défirs, ou plutôt de ces envies, de ces fantaifies d'une vanité lubrique, qui forment & rompent des intrigues. *Montefquieu* dit que les bons légiflateurs ont toujours banni le commerce de galanterie que produit l'oifiveté, & qui eft caufe que les femmes corrompent avant même que d'être corrompues ; qui donne un prix à tous les riens, rabaiffe ce qui eft important, & fait que l'on ne fe conduit que fur les maximes du ridicule que les femmes entendent fi bien à établir. Nous en fommes à regretter même cette galanterie que de bons légiflateurs profcrivoient. Plus de combats, d'attaques, de défaites ; tout eſt arrangement ; on ne ſollicite ni ne refuſe une bagatelle. Grâce à la *philoſophie*, il n'y a plus d'hommes ou de femmes fragiles ; on ne pèche plus contre ſes principes ; on n'en a pas. Si j'oſois copier ici une belle lettre qui a guéri radicalement une jeune femme de ſes derniers *préjugés*, & lui a fait adopter le philoſophiſme avec toutes ſes licences ; les Bonnes-Gens & leurs Beaux-Eſprits ſeroient étonnés de la diverſité des acceptions que peuvent prendre les mots *vertu*, *principes*, *vues ſages de la nature*, *droits inalié-* *nables & ſacrés*, &c. Mais il eſt des piéges qu'on doit ſe borner à indiquer de loin. Une lettre n'eſt pas une con-verſation, me dira le lecteur en me ramenant à mon texte. Non, répondra pour moi un *penſeur ;* mais elle peut être plus concluante & *meilleure.*

En jaſant bétement d'eſprit & de génie.

L'automatiſme de la bête & le matérialiſme de l'homme les rapprochent tellement, que *penſer bétement* eſt le plus bel apanage de la machine penſante. Avoir une ame ſpirituelle, & penſer, ce n'eſt pas ſingulier ; mais être comme la bête, pure matière, & penſer comme un Bel-Eſprit à la mode, voilà ce qui eſt remarquable ; c'eſt ce que peut produire de plus parfait l'organiſation philoſophique. Si les gens d'un certain monde *jaſent béte-*

ment d'efprit & de génie, on fçait donc pourquoi ; fi *jafer* eft parler beaucoup, en ne prêtant que peu d'attention à ce qu'on dit, c'eft qu'ils ne fçauroient trop parler pour la propagation des lumières, & qu'ils connoiffent le prix de l'attention. D'ailleurs, tout en eux n'eft-il pas cordes, fibres, contre-poids, leviers ? Leur volonté eft-elle autre chofe que l'effet de ce qui détruit une équilibre? Tout cela n'eft-il pas auffi clair que leurs interprétations de la nature ?

En voulant décider des droits des potentats...

Autrefois la claffe laborieufe des nouvelliftes pefoit les droits refpectifs des fouverains, faifoit la paix, la guerre, créoit ou détruifoit des armées, des camps, des fortereffes, des fleuves même pour le fuccès des campagnes qui fe terminoient au pied de tel arbre dans telle allée qu'ils pleurent encore. On a paffé du droit des gens, de l'art diplomatique, & de la tactique, qu'on n'entendoit pas, au droit politique, au droit civil & au droit naturel, qu'on n'entend pas mieux ; & on fait des *pactes tacites* entre les peuples & les fouverains, comme les nouvelliftes faifoient des traités, des fleuves, ou des défilés. On ne parle plus que des droits des peuples fur les Rois. L'opinion eft la reine du monde, les Philofophes du jour font les dominateurs fuprêmes de l'opinion, les peuples font les Rois & les jugent ; on fent bien qu'il réfulte de là que la philofophie à la mode a feule des droits aux trônes ; ce qu'elle fait affez voir par fes vigoureufes & très-utiles forties contre les gouvernemens, & contre la religion qui enfeigne que toute puiffance vient de Dieu. Mais quels contrats, quel pacte focial refpectent donc ces raifonneurs incendiaires ? Ils ne font ni fils, ni époux, ni pères, ni amis, ni citoyens, ni débiteurs de bonne-foi ; l'intérêt perfonnel & la vanité font les grands principes de leur conduite. Oh ! qu'il eft heureux qu'on ne s'en rapporte pas à leurs fcrupules pour l'accompliffement du pacte qui fait des Bonnes-Gens des fujets zélés & fidèles, & qui affure le repos public à l'aide d'un pouvoir révéré qui réprime les injuftices & protége l'innocence & la vérité ! ·

Qui naît en dépit d'eux, qu'ils ruinent d'avancé.

Les écrivains diffolus & immoraux dépravent, ruinent autant la poftérité, s'oppofent autant à fa naiffance, que les riches voluptueux & obérés dont ils flattent les vices homicides.

Que de noms immortels périffent dans l'année !

Par bonheur les revenus que procurent de femblables renommées durent plus qu'elles. L'homme jouit ainfi pendant quarante ans d'une rente dont l'auteur fameux n'auroit qu'à peine touché le premier quartier.

Enchantent l'amateur de papiers sans vergeures.

Les *vergeures* font des fils de laiton attachés fur la forme du papier. On donne auffi le nom de *vergeures* aux raies que font ces fils fur le papier. Ce fiècle, qui fera mémorable à jamais pour les inventions utiles, a produit le papier fans vergeures le plus parfait, découverte importante pour la haute littérature, & qui donnera beaucoup de relief aux idées. Ce raffinement de luxe rend les éditions plus chères; mais les marchands de *papiertapifferie* (autre invention magnifique) vendent des bibliothèques en auteurs modernes à très-bon compte. — D'excellens ouvrages peuvent bien être imprimés en beau papier ordinaire pour les gens qui lifent, & en papier vélin pour les autres.

Et qui, pour faire un livre, imprime leur caquet...

Combien de comédies fi peu comiques, combien de de ces pièces fi bien nommées fugitives qu'elles ne voient pas le lendemain, ne font que le caquetage, le jargon des gens du monde, mis en vers à grands coups de dictionnaire de rimes! c'eft ainfi que les Mufes font inftructives.

Le

Le Génie est frappé d'un sommeil léthargique.

L'Académie Françoise a eu le déplaifir bien fenfible pour un corps auffi patriotique qu'il eft éclairé, de ne pouvoir déférer à perfonne le prix que la munificence d'un Prince a propofé à l'homme-de-lettres qui célébreroit dignement la belle action du Duc *Léopold de Brunfwick.* Que cette ftérilité eft épouvantable ! Comment eft-il poffible qu'une action fi vertueufe, fi héroïque n'ait rien infpiré qui méritât cette couronne, à ces enthoufiaftes de bienfaifance & d'humanité ? Ils font jugés ; il fuffit de leur filence.

> *Leur époufe & leur fille, en joignant au bon-fens...*
> *Une pudeur charmante, une grâce ingénue...*

Ce feroient aujourd'hui de petites perfonnes bien mauffades : on ne verroit pas *cela.*

> *L'ordre & la convenance, à préfent infultés...*

Notre âge fi vanté, eft fpécialement le règne des difparates, des non-convenances. On traite leftement les matières les plus graves, & très-gravement de puériles bagatelles. On croit à l'abfurde, au contradictoire, à l'impoffible, aux hydrofcopes dont le regard pénètre à cent toifes dans la terre, aux fomnambules qui prédifent l'avenir & guériffent des incurables ; aux panacées invi-

C

fibles, à l'évocation des morts, à tous les menfonges des *Carro - carri* (*) ; on refufe toute croyance à ce qu'on palpe de toutes fes puiffances intellectuelles. On bouleverfe le fyftéme de la nature, pour prouver qu'il n'y a ni Dieu qui l'ait faite, ni ames qui y foient fenfibles. On prétend réduire des vérités à n'être que des mots vuides de fens; & l'on donne pour des vérités de vains fons adaptés aux illufions d'un efprit en délire. On parle d'humanité, en fe livrant au plus atroce égoïfme. On veut plus que jamais que le théâtre offre des leçons de morale, & on met fur la fcène des artifans dont le métier eft le feul trait de caractère, des objets dégoûtans, des feigneurs qui n'ont que des vices & du jargon, des intrigues qui ne fuppofent aucune connoiffance du cœur humain; des maladies ou des infirmités, des bègues, des niais, des *jeannots :* la confomption, des imbécilles, des folles dont un baifer rappèle la raifon égarée. On calcule les *millions* que doit valoir à l'Etat la fuppreffion d'une fête inftituée par l'Eglife, & l'on multiplie de tout côté les vauxhall, les petits fpectacles, & les mauvais lieux. On excède le public de traités ou romans fur l'éducation; & non - feulement on tend à

(*) *La Bruyère* nommoit ainfi un charlatan qui l'étoit moins que les nôtres. *Caractères. De quelques ufages.* Edition de *Laurent Prault* in- 12. 1786.

ôter toute éducation aux enfans du peuple, mais on leur présente des moyens gratuits & séduisans pour se livrer, dès leur bas âge, à tous les dangers du goût scénique. On promet quelques écus à celui qui fera un *catéchisme de morale*, comme si le catéchisme proprement dit étoit immoral. On crie *haro* sur les pédans & sur les langues mortes, & l'on affecte de nommer tout en grec depuis qu'on n'apprend plus le grec. On s'élève contre la barbarie des duels, & on en remplit les comédies & les romans. On veut substituer la majesté des loix humaines à la loi révélée, & on accueille, on prône des diatribes contre le code & la magistrature. On brigue les places & les pensions que dispensent les administrateurs, & l'on fronde l'administration. On exalte une nation comme raisonnable, & on n'en imite que les folies. On prétend dominer sur tous les esprits à l'aide d'une brochure qui ne se vend pas même ; & l'on ne voit que despotisme & usurpation dans une domination qui a pour elle des siècles de bien - faits, les plus augustes titres que connoissent les hommes, & l'amour d'un peuple sensible & juste malgré ses philosophes à la mode.

Dans les manières, expressions trop peu méditées du principe des mœurs, même contradiction. On grave pompeusement des costumes, & tout le monde est en *négligé*.

Il n'eſt queſtion que de goût, de décence, & les femmes
copient en tout les plus extravagantes d'entre les proſ-
tituées. Elles déraiſonnent ſur les hautes ſciences, &
paſſent leur journée à ſe défigurer, à enfouir leur viſage
ſous des cheveux hériſſés; à courir, à aſſiſter à des farces
dignes de laquais ivres, où l'on croit trouver dans un
langage corrompu le germe de la fine plaiſanterie, & à
jouer le pain de vingt familles. On prêche l'économie
dans de beaux livres en papier ſatiné, dorés ſur tranche,
&c. chaque jour amène la réforme d'une dépenſe honnête,
& une mode nouvelle; on ſe ruine en rubans pour des
ceintures inutiles, & pour des nœuds qui ſeroient trop
grands ſur la tête d'une femme de vingt pieds de haut;
en bijoux dont l'unique mérite eſt d'être plus ridicules
que ceux de la veille; en robes qu'on ſalit au bout d'une
heure ſous des cheveux flottans. Les dames ont la fureur
de voir & d'être vues, & elles portent d'énormes cha-
peaux, & ſe cachent les unes les autres ſous des panaches
de mulets. Elles frémiſſent avec mignardiſe à la ſeule
idée d'un accident dont eſt menacé leur épagneul ou
leur chat, & elles veulent que leur cocher ſoit aſſis plus
haut que l'impériale de leur voiture. Elles parlent de
bienſéance, affectent d'être timides, & prennent une voix
d'homme, une démarche de grenadier, un regard de

prévôt de falle d'armes, & efcaladent en folâtrant jufqu'au niveau d'un *Wisky* ; &c.

Les hommes ne font pas en refle avec les dames. Des
fénateurs fe montrent, dit-on, en culottes *queue de ferin*,
en gilet bariolé, en frac *cul de finge*, avec des boutons
d'un pouce & demi de diamètre, où font gravées ou
peintes les lettres de l'alphabet ou d'autres fantaifies. Des
militaires fe promènent, dit-on, en public avec une
coëffure à laquelle il ne manque qu'un *pouf*, & enve-
loppés d'une redingote en taffetas d'Italie gorge-de-
pigeon ouatée. Perfonne ne fe doute que la dignité féna-
toriale eft bleffée, que le figne honorable de la valeur
guerrière fied mal à la boutonnière de pareilles robes-
de-chambre excellentes pour le petit lever d'un fybarite
proxénète ou de l'opulent hiftrion qui donne audience
à fes chaftes élèves ou à d'humbles auteurs. Ces diffon-
nances font fi communes, que l'homme d'un vrai mérite
s'y abandonne aujourd'hui fans y penfer ; elles n'étonnent
que quelques Bonnes-gens qui ne font pas de leur
fiècle. Un autre *Epiménide* qui fe réveilleroit au milieu
d'une de nos fociétés, ou dans telle promenade *courue*,
fe croiroit entouré de mafques, & demanderoit où eft
le bal.

Etoient, avec respect, avant tout consultés.

Le grand principe actuel est de ne *respecter* rien. On va plus loin; on rougiroit d'être *respectable* autant que d'être *respectueux*. Les mots qu'on répète à tout propos, ne signifient plus rien. *Respect, bienfaisance, humanité,* disent aussi peu ce qu'ils semblent dire que : *votre très-humble serviteur* ou *servante*. On offre ses *respects* à une femme méprisable, affichée pour telle, si elle a *des gens*. Les anciennes maximes ne font plus que l'objet d'une dérision continuelle. Il n'y a que les grand'mères qui, lorsqu'on leur proteste qu'on les *respecte,* ne soient pas piquées de voir qu'on leur tienne parole ; & encore, qui sçait ? —— Le *Cousin - Jacques* , dans sa charmante gaieté, a conçu le projet d'une académie lunatique, & ses statuts obligent les candidats à *respecter ce qui est respectable.* « Nous voulons , dit-il , n'avoir pour con-
» frères que de *Bonnes-gens* bien unis, qui aiment l'ordre,
» sans étalage, & qui fassent le bien sans prétention ».
Si la raison des foux se trouve dans la lune, suivant une vieille tradition, le *Cousin-Jacques* y fera d'abondantes moissons.

Qui le feroient périr de débauche ou de faim.

La morale perverse de quelques écrits que la vogue

& l'intérêt du vice font circuler dans toutes les claffes du peuple, cette morale que l'exemple fait contracter à ceux même qui ne lifent pas, eft l'une des caufes les plus actives de la misère privée & publique. Le vertige eft univerfel. Tous veulent des plaifirs & abhorrent le travail. Ecoutez l'artifan : il n'a plus de *préjugés*, il fe moque de fes devoirs; il *fçait* qu'on meurt tout entier; *après lui le déluge*; il fe conduit en bête, pour prouver qu'il a des lumières. Il dit férieufement qu'on *voit clair* maintenant; qu'on a réformé un tas de vieilles fottifes; que s'amufer eft tout ce qu'il y a de réel dans la vie. Auffi les cabarets font toujours pleins; les farceurs ont des places à *fix* à *huit fols*. Il y a des bals tous les foirs où l'on danfe pour *deux fols*. Les riches ont leurs *clubs*; les pauvres ont les leurs, pour *tuer la foirée* loin de leurs femmes & de leurs enfans dont ils font autant excédés que le plus élégant Marquis. Le célibat eft prefque de première néceffité dans toutes les conditions, tant le luxe des femmes eft ruineux; & *Madelon* a, dans fon genre, un luxe auffi ruineux que celui de *Cidalife*; la couturière a fa coëffeufe. Les befoins d'opinion fe multiplient, & les moyens d'acquérir diminuent; les champs fe dépeuplent, tout devient plus cher, les profeffions ne fuffifent pas à nourrir des ouvriers qui s'entre-nuifent, &

la crapule & l'efprit d'indépendance viennent encore
retrancher des jours deftinés au travail. La plupart des
ouvriers ne travaillent guère que les jeudis, vendredis
& famedis; ce mal a fon bien peut-être, quant aux
ouvrages dont le réfultat eft de répandre davantage le
goût de la frivolité; mais prefque tous les autres ouvriers
ont la même averfion pour le travail, & ce mal fait des
progrès alarmans. Un pareil débordement de vices eft
auffi marqué par des fignes non équivoques de pauvreté.
Dans la ville la plus brillante on voit s'augmenter jour-
nellement le nombre des revendeurs de mauvaifes hardes,
de brocanteurs, colporteurs, *faifeurs d'affaires* de toute
efpèce, d'entremetteufes, de filles publiques, de men-
dians, &c. Ce peuple qui fe pique de fuivre les modes,
& qui avoit des fouliers avant d'avoir tant de fophiftes,
porte des fabots comme le villageois le plus groffier;
& des millions font inceffamment payés à la débauche
fur les gages qu'abandonne la plus indigente néceffité.
Les mœurs publiques vont fans doute occuper auffi les
précieux momens de l'affemblée dont la convocation
honore tant le cœur du meilleur des Rois.

Eut befoin de vertu pour être raifonnable.

Quelques grands-hommes, dira-t-on, fe font diftingués
par leur génie, ont même étendu, fi l'on peut parler

ainſi, la ſphère de la raiſon commune, & ont eu des vices connus. D'abord il eſt poſſible que la malignité, toujours acharnée ſur le vrai mérite, leur ait imputé des vices qu'ils n'avoient pas. D'ailleurs, qu'on y réfléchiſſe, ils avoient certainement ces portions de la vertu qui devoient correſpondre à ce qu'ils ont déployé de génie utile ou de raiſon. Manquerions-nous de faits qui atteſtent que l'eſprit ſans vertu n'eſt qu'un tabarin incendiaire ?

Qu'ils préfèrent l'étude aux intrigues des belles.

Mais qu'ils n'imaginent pas qu'étudier ce ſoit écouter du babil ou lire certaines brochures ; qu'ils ne ſe confient pas, pour diriger leurs études, au premier qui leur demandera leur argent pour être leur maître. Qu'ils liſent & méditent les bons modèles, les excellens auteurs du beau ſiècle, & les anciens ſur-tout qu'avoient tant étudiés ces excellens auteurs. Qu'ils s'attachent, de préférence, à ces inſtitutions ſolides & permanentes, formées par la ſageſſe, conſolidées par le temps & par de nombreux ſuccès, décriées par des novateurs dont les œuvres vengent ſi bien ce qu'ils décrient. Qu'ils n'abandonnent pas leurs enfans, l'unique eſpoir de la patrie, à des déclamateurs qui ne parlent décemment de rien. Qu'ils croient que la meilleure éducation doit être nationale, patriotique, labo

rieufe & chrétienne. Laiffons parler un fage. — " Il eft
" auffi dangereux de fe fier au zèle hypocrite des nova-
" teurs pour ouvrir à la jeuneffe la carrière des lettres,
" que pour lui donner des principes conformes à la
" faine morale. Ces hommes hautains.... &c. " Qu'on
life la fuite de cette penfée (vrai don fait au public
& aux fouverains) dans l'ouvrage même : — *De la*
décadence des lettres & des mœurs , depuis les Grecs &
les Romains , jufqu'à nos jours. Par M. *Rigoley de*
Juvigny , Confeiller au Parlement de Metz , &c. *Dédié*
au Roi. 1786.

Fin des Notes.